I BETRAKTARENS ÖGA

av Helena Ringström

© Helena Ringström 2017
Förlag: BoD – Books on Demand,
Stockholm, Sverige
Tryck: BoD – Books on Demand,
Norderstedt, Tyskland
ISBN: 978-91-7569-722-2

Till min familj på jorden och
i himlen – utan er är jag ingen.

I betraktarens öga

I dag spelar havet
sin ödessymfoni
för den ordlösa strandens
herrelösa hundar

och tonerna blandas
med vågornas glitter
och växer till världsallt
i betraktarens öga.

Skiljelinjen

Blå sträckte sig horisonten
vag och knappt urskiljbar
längs det vidsträckta havet

som med en enda viskning
raderade fotspåren i sanden
där du gick den sista kvällen
aningslöst snuddande vid döden.

Havet ger

Havet ger
och havet tar

vaggar sakta
barnet till sömn

och hos den svartklädda modern
ska alltid en stol stå tom
– en säng med orörda lakan

mörker över den lilla fiskebyn

och havet som ger
och havet som tar.

I mina innersta tankar

I mina innersta tankar
sitter jag alltid på klippiga stenar
ensam vänd emot havet

med de vackraste orden
på väl tummade sidor
ljuvligt doftande
ur min högra hand.

Bilfärden

Vi hade färdats
i tystnad
genom olivlundar
och citronträd
tills vägen tog slut
och vi stod
som nakna barn
inför det oändliga havet.

Och från radion rullade
flamencogitarrens klagan
ut över vågorna
och jag minns
att jag grät
i vetskap om
att jag aldrig
skulle få uppleva något
så vackert och helt igen.

Havet är

Havet är

den vilsnes kyrka
den ensamma vandrarens
tröst och hopp.

I en kort stund av andakt
stämmer han upp i havets brus
för att sedan dra vidare

på sin ändlösa färd.

Stormdag

Stormdag
stormnatt

den gamla mannen
går fram och tillbaka
upp och ner för stranden
i hopp om att havet
denna enda dag

burit guld i sitt sköte.

Apelsinerna

Apelsinerna i Andalusien
växer aldrig mot himlen
utan mot havet

som lockar med löften
om svalka och frid.

Under eukalyptusen

Under den väldiga eukalyptusens
vidsträckta grenar
står ett ensamt vitkalkat hus.

Och i skuggan på altanen
dricker ett gammalt svartklätt par
nymalt kaffe med varm mjölk
utan att yttra ett enda ord
bärande varandras tankar
djupt inom sig.

Men då och då
går en ljummen vindil
genom den tunga trädkronan
och bryter tystnaden
med en knappt hörbar susning.

I morgonens första andetag

I morgonens första andetag
ligger stranden ännu öde och tom
och doften av bagarens nybakta bröd
blandas med ljudet av fönsterluckor
som öppnas mot det gråblå havet
där fiskarnas båtar rör sig fjäderlätt
in i den skyddande morgonbrisen
och lämnar mig ensam kvar
endast iklädd mina egna drömmar.

Fiskmåsen

Rädd för det vita skummet
och vågornas väldiga dån
ekar fiskmåsens skri
högt över den vackra idyllen.

Förbannar sitt levnadsöde.
Vet ännu inget om döden.

.

Men ibland skymtar havet

Som ett skenande tåg
genom pittoreska byar
med långa och outtalbara namn

så fräser och tjuter
våra liv förbi
på spår som dallrar i hettan.

Utanför kalkhuset

Utanför det vita lilla kalkhuset
hördes havets dån
sövande majestätiskt.

Vem var jag?
När kom jag?
Vart skulle jag?

De tidlösa vågorna
gav inget svar
men det kändes
mindre ensamt.

Nattduvor

Natt i de gotiska kvarteren.
Plötsligt fylls luften av
tusentals smattrande vingslag.

Vita duvor som lyfter
från en åldrig och dyster katedral.

Bländade av den egendomliga synen
gick vi tysta därifrån.

De vita jasminblommorna

De vita jasminblommorna
förblev för evigt,
varsamt pressade
bland dammiga luntor.

Långsamt avtog doften.
Minnet bleknade.

Kontemplation

Svart
grönt
flyger korpen
över Guadarrama.

Vid bergets sluttning
en vilande munk
begrundar dalen

men finner ingen mening.

Delfinen

Spön, giraffhalsar
som sträcks mot
den klarblå himlen.

Stanken av nyfångad fisk
och hungriga trutars skrin
över Cádiz vita stränder.

Någonstans skelettet
av en uppspolad delfin.

Kom!

Låt oss spegla oss
i hans tomma ögonhålor.

Málagas bakgator

Jag har sett
barfotabarn dansa
till ljudet av
stolta fäders handklapp
på smutsiga bakgator
i Málaga.

Jag har levt.

På tågperrongen

Utanför tågkupéns
kvalmiga atmosfär
hördes perrongförsäljarnas
ihärdiga rop:

– Köp snäckor!
Nyuppsköljda snäckor!
Endast i dag.

I Alpujarras bergsbyar

I Alpujarras bergsbyar
sopar svartklädda kvinnor
de oframkomliga gatorna
med kvast.

Det blåser kallt
så man får hålla hårt
om den knapplösa koftan.

Ingen dag är den andra lik.

Trettio år senare

Trettio år senare
kunde jag vakna
och åter känna
doften av
nybryggt kaffe
och friterade churros
från en mulen
söndagsmorgon i Madrid:

En hel dag framför oss!
Ett helt liv!

Seendet

Där sitter du
ihålig och tom
medan landskap
efter landskap
blixtrar förbi.

Du ser solen
gå upp
över gula rapsfält

men inte
den ensamma bondens
längtansfulla blick

när tåget drog förbi.

I gudarnas snyftning

Den nyförlösta modern vaggar
sitt lilla dödfödda barn
fram och tillbaka
nynnar att allt kommer bli bra
om du bara vaknar snart

och någonstans utanför sjukhussalen
stannar tiden
mitt i gudarnas snyftning.

Bara mödrarna

Endast mödrarna
lystrar efter främmande läten
om natten
känner sina barns alla andetag.

Bara mödrarna
smyger ljudlöst kring den tomma
vaggan i mörkret
minns ännu i drömmen värmen
från alla sina barn.

Förseglade rum

Vi som försökt värma
de dödas händer
mellan våra egna
pulserande liv
vet att naturlagarna
är obevekliga
och bär därför
våra drömmar
inom oss

i väl förseglade rum.

När mörkret stiger

Och mörkret stiger
som en slingrande orm
fyller alla våra hålrum
med tjock trögflytande lava
och hur många ljus vi än tänder
lyckas de inte överglänsa
den matta svartheten
som bränner och tär
och hotar att kväva oss
när vi sover om natten
likt hopkurade foster
i väntan på förlösning.

Mantrat

alla dessa vinterdagar
när det gråa intet
slår efter oss
med sylvassa utspärrade klor

då måste man
bära himlen inom sig
och rabbla
gul röd blå
gång på gång
tills odjuret drar sig undan
och dagarna återfår sin färg

Undran

Vem ska leda oss
gudlösa människor
på mörka stigar
i Fimbulvinterns frost

sjunga för oss
att vi är världens ljus
och frälsa våra
förtappade själar

som irrar trolöst kring
ensamma, sökande.

Kvarglömda smekningar

Jag drömde om en ensam båt
som gled tyst på ödsligt hav
i bräckliga morgontimman.

Den försvann så i fjärran
men lämnade svallningarna kvar
såsom kvarglömda smekningar
under min orörda hud.

Morgonstrålar

Morgonstrålar
Morgondagg
sakta gryr dagen

och en liten stund till
kan allting ännu hända.

Drömmar

Här gick jag.
Här drömde jag.
Längs asfalt
och skog
gick jag
drömmande
genom livet.

Födseln

Din varma kropp
varsamt lagd emot min
i den största stunden.

Var inte rädd!
Min kärlek till dig

övergår all världens förnuft.

Gryningstid

Så föds den nya morgonen
sömndrucken och yr
fångar den daggen
i sin sträva kupade hand

och anemonerna öppnar sig
mot det framsipprande ljuset
medan nattens drömmar
sakta vävs in i gryningen.

Ordet

I tystnaden
vilar ordet
på Dalíklykor
i den vidsträckta öknen

dröjande
dallrande
låter det sig formas
efter våra önskningar

och den allra sista gnistan hopp.

När jag var sjutton år

När jag var sjutton år
var jag odödlig
och såg bara min egen bild
i källans klara vatten
– hörde ekot av mitt namn
i vårvinden
i havets brus.

Men nu förstår jag
att det var allas namn
och inte alls bara mitt.

Koltrastens sång

Koltrasten är en kvinna
som sjunger om kvällen
både skör och stark
på samma gång.

Långt efter
sången tystnat
dallrar minnet av tonerna
genom försommarnatten.

Väcker både längtan och sorg.

En sekund

En sekund leker vi barfota
mot den varma asfalten
en annan skälver vi av åtrå
i älskarens famn

en sekund snusar det nyfödda barnet
mellan två människor som ännu inte
vet något om saknaden

en sekund lever vi våra liv.

Än vilar himlen blå

Än vilar himlen blå
över stadens stolta torn
och de uppvaknande
människomassorna
strövar rastlöst omkring
på gator och torg
för att fylla sina liv
med händelser från
ännu en nyckfullt
tilldelad dag.

Minnen

som regnet strilar ner
längs immiga sommarfönster
porlar minnena sakta
genom våra innersta rum

den enda förändringen
en svagt bleknande ton
allteftersom åren flyter fram
och lämnar

Anemone nemorosa

Vid tunnelbanespåret
bredde vitsipporna ut sig
så späda och fina
att vi först knappt vågade
men så plockade vi dem

alla barn plockar blommor
och vi var bara barn
som gick längs rälsen
i en sömnig söderförort
och väntade på att
livet skulle börja

alltmedan vitsipporna slog ut.

Söndagsmorgon i Blåsut

Sövda av motorvägens ständiga brus
vänder sig husen gäspande om
och sparvarnas kvitter lyckas nästan
tränga sig igenom ljudridån.

I ett köksfönster står en flicka och
drömmer.

Julidagar

Och även om
morgonens första solstrålar
ännu faller över
stumt grusknaster
och obestigbara äppelträd
ifrån evighetslånga julidagar

ska jag förgäves
söka frammana
tankarna hos barnet
som en gång lekte där.

En stilla krusning

Så många veckor och år
gick oss spårlöst förbi
i väntan på livet

att vi knappt märkte
hur det pågick för fullt
runt omkring oss

och att våra tankar
bara var en stilla krusning
på det oändliga havet.

September

Utanför den immiga fönsterrutan
har barnens stojanden tystnat
och myntan slokat i vinden.

Ännu en sommar att trä på
våra böjda timotejstrån.

Som i en dröm

Och kvällssolen
förlänger våra skuggor
där vi skyndar fram
längs gatorna.

Vi lever
men anar det knappt
och i morgon ska
bara asfalten minnas
våra steg

avlägset och
som i en dröm.

Senhöstidyll

Som skimrande opaler
och en och annan rubin
ter sig havet idag
– sträcker ut sig
likt katten på förstutrappan
i årets sista värmestund.

Men ifrån klipporna
skrålar de hemlösa
och deras skrik
blandas med trutarnas
– skär djupa skåror
i senhöstidyllen.

Irrvägar

Idag flyger korparna i långa sträck
genom den hotfulla gråtunga skyn.

Länge ska jag följa dem med blicken
förundrad över flyktens ständiga
irrvägar.

Decembernatt

En decembernatt
klädde vi av oss
våra tilldelade roller
och stod nakna
och sårbara
inför varandra.

Din siluett
genom gatlyktans sken
och lyckan över
att älska
och vara älskad.

Vintergryning

Det ligger ett rosa sidensken
över den gryende vintermorgonen
och jag minns inte längre
om jag var vaken eller sov
när två svanar frös fast i sjön
och sträckte sina vita halsar
i ett sista fruktlöst försök upp
mot den likgiltiga morgonrodnaden.

Snöänglarna

När var det?
Igår?

Som hundratals änglar
göt sina avtryck
i den skyddande snön.

Nu gapar kryptorna tomma
och inga vingslag
inga skratt

änglarnas värv
fortgår i det tysta.

Guds barn

Det fanns också andra barn
som lades blodiga
med avskurna navelsträngar
att vila i halmen.

Det var ensamma barn
utan egna sagor
och vi föddes ur dem
för alltid sökande efter stjärnan

som lyste med en sådan
förunderlig kraft.

Förnimmelsen av en dröm

Och solen tinar upp
den frusna vinterkvinnans
iskalla själ

någonstans

förnimmelsen av en dröm.

Ur kylan

Ur kylan
reser vi oss
frostbitna
modfällda
reser vi oss

lite klokare
lite sorgsnare
för varje år

men med
blickarna vända
mot den ljusnande skyn.

Om hundra år

En sak är säker:
att om hundra år
kommer vi inte våndas
men inte heller älska längre

och solen som idag
lekfullt smälter små fläckar
av den tunnsådda februarisnön
kommer inte längre
nära våra egna drömmar

utan andras lika brinnande längtan.

Mina livs korridorer

Famlar längs mina livs korridorer
alltid så rädd att falla handlöst ner
går jag med bestämda steg
råg i ryggen och blicken
fästad framåt

mot nästa korridor som tar vid.

Självbehärskning

Hur kan du
låta som vanligt
när våra liv rämnar
i takt med vårlökarnas
bristande höljen,
undrade han.

Befinner mig i
ett konstant tillstånd
av självbehärskning,
svarade jag.

Middagssömnen

Barnet sover
sin middagssömn
bland den mjuka säven
och trutarnas gälla skrin
naturligt kamouflerad
under den virkade filten
smälter han samman
med de tusenåriga klipporna
och allt kravlande sjudande liv
som omger hans slutna ögonlock.

Ett döende tempus

Som vi längtade.
Och väntade.
Vävde våra minnen
så att gränsen mellan
drömmar och händelser
sakta suddades ut.

En vecka gick.
Månaderna förflöt.
Vad skulle vi
med presens till?

Efter vågen

I natt vilar havet
slickar sina sår
mot vita stränder

och över havet
vakar himlens stjärnor
över de försvunna barnen

en stjärna för varje barn
i evigheternas evighet.

Ljuslyktorna

Tre ljuslyktor
tyngde väskan
där jag gick
– brännande handtag
och tunga steg
uppför kyrkbacken
med lyktorna
skrapandes och
väsnandes
mot väskbotten.

Då slog det mig
att det var
tre liv jag bar
genom höstmörkret
och att bördan
skulle lätta under
promenadens gång.

Cordelias sång

Det lyser en eld
ur min faders ögon
från urminnes tider
en oförklarlig kraft.

Hur kan det rymmas
så mycket stolthet
i en enda människas
förgängliga kropp

att när han ser på mig
blir jag oövervinnelig
en ängel på jorden
att avundas för alltid.

När min pappa dött

När min pappa dött
fick vi ta med oss
hans tillhörigheter hem;
ett par välstrukna byxor
den rutiga flanellskjortan
hans släta guldring

och jag ska alltid minnas
hur ömt mamma bar knytet
genom de oändliga korridorerna
och hur orden ifrån sagan
du brukade läsa för oss
ekade ljudlöst i mitt inre:

"Och vad bidde det då?
Se, det bidde ingenting alls."

Läggdags

Det lurar ett mörker
därute i staden
och knappt har minnet
av dagens konturer
sakta tynat bort
förrän natten smyger sig på.

Vart tog solen vägen?
Och stjärnorna?

Som förvånade barn
med uppspärrade ögon
förs vi motvilligt till sängs.

Kärleksförklaring

Som svalornas flykt
utanför balkongen
om sommarkvällen
när den första syrenen
just slagit ut,

som doften av
nyfallet regn
när den sprider sig
över stadens asfalt,

som vatten
i den vilsna ökenfararens
allt torrare strupe,

som det nyfödda barnets
tusenåriga blick,

så mycket älskade jag dig.

Även gråsparvar

Under alla dessa år
som kom och gick
hängde moderns päls
väl inplastad
bland barnens klänningar
i en unken källargarderob.

Även gråsparvar drömmer
om den svindlande flykten.

Önskan

En rykande kopp te
rökelse och tända ljus
en vältummad bok
som doftar och lockar
efter en stund nära sjön
där hägern häckar.

Friska ben att gå på.
Ett fungerande huvud.
Någon som fortfarande
minns och älskar.

Ålderdomen
tänkte hon sig så.

Memento moris

Sekunden innan
den unga läkaren
med den lätta brytningen
tar oss i hand
och ser på oss
med allvarsamma ögon

vet vi ännu inte
att vi sedan för alltid
kommer att längta tillbaka
till just denna sekund
när vi fortfarande trodde
att allt skulle bli som förut.

Änglasång

Och jag ska alltid minnas
körbarnens oskyldiga stämmor
när de sjöng sin himlasång
om juleljus och jesusbarn
i den sterila sjukhuskorridoren.

Du tror inte att jag märkte
men jag såg i dina trötta ögon
att du var ett steg närmare evigheten
och att barnen var förklädda änglar
som kommit för att föra dig hem.

Hitta hem

Vad förnimmer
det fallande lövet
i själva fallandets stund?

Vad känner
den dalande dagsländan
i den sista dalningens sekund?

Vad tänker
den dödligt sjuke
när livet lämnar i en rosslande suck?

Det kan ingen veta
men jag vill gärna tro att det är
som att äntligen hitta hem.

Avskedet

Du var så vacker
i din vita skrud
i din sista skrud

rosen i dina magra händer.

Vi stod stumma och beundrade
dessa händer
som en gång betydde allt för oss

utanför hördes
porslinsskrammel
och svabbens snabba penseldrag.

Det vackraste minnet

Mitt vackraste minne
är inte jasminblommornas doft
eller den egyptiska halvmånens glans
inte ens barfotaflickans dans
på Málagas smutsiga bakgator.

Nej, mitt vackraste minne
är synen av dig
när du kommer nerför backen
i din röda slitna kappa
och en konsumkasse i varje hand.

Och jag tänker att jag skulle göra allt
för att få se dig komma gående
nerför den där backen
en enda sista gång.